일기글 조호상
1989년 『사상문예운동』에 시를 발표하면서 작품 활동을 시작했고, 이듬해에는 제3회 '전태일 문학상'을 수상했습니다.
장편소설로 『누가 나에게 이 길을 가라 하지 않았네』가 있고, 『야생동물 구조대』, 『연오랑 세오녀』, 『재치가 배꼽 잡는 이야기』,
『별난 재주꾼 이야기』, 『물푸레 물푸레 물푸레』, 『애들아, 역사로 가자』, 『주몽의 나라』 등 많은 어린이책을 썼습니다.

정보글 송호정
서울대학교 국사학과를 졸업하고 같은 학교 대학원에서 박사학위를 받았습니다. 한국 고대사와 역사 고고학을 전공했고,
현재 한국교원대학교 역사교육과 교수로 재직 중입니다. 지은 책으로 『한국 고대사 속의 고조선사』, 『단군, 만들어진 신화』,
『한국생활사박물관 2 - 고조선생활관』, 『아! 그렇구나 우리 역사』 1, 2권 등이 있습니다.

그림 김병하
전남대학교 미술교육과를 졸업하고, 서울시립대학교 디자인대학원에서 일러스트레이션을 공부했습니다.
『꿈 : 다섯 작가 이야기』, 『까치 아빠』, 『창세가 : 세상이 처음 생겨난 이야기』, 『곰 씨족 소년 사슴뿔이, 사냥꾼이 되다』,
『한국생활사박물관』을 비롯한 많은 책에 그림을 그렸습니다.

이 책을 만드는 데 자문과 감수를 해 주신 분들
복식 김소현(배화여자대학 전통의상과 교수)
건축 이우종(영남대학교 건축학부 교수)
음식 정혜경(호서대학교 식품영양학과 교수)

역사 일기 01

신석기 시대

곰 씨족 소년 사슴뿔이, 사냥꾼이 되다

- 일기글 조호상　- 정보글 송호정　- 그림 김병하

사□계절

자연과 인간이 함께 펼친 새로운 세상, 신석기 시대

언제 쓴 일기일까?

신석기 시대는 지금과 비슷한 자연환경이 갖추어지고, 인류의 생활에 여러 가지 큰 변화가 일어난 시기였습니다. 신석기 시대 사람들은 강가에 마을을 이루어 고기잡이를 하고 농사를 지으며 살았습니다. 사슴뿔이의 이야기는 기원전 3000년, 신석기 시대를 배경으로 하여 쓰여졌습니다.

구석기 시대	신석기 시대		청동기 시대
기원전 8000년 빙하기가 끝나고 기후가 따뜻해졌다. 신석기 시대가 시작되었다.	**기원전 5000년** 빗살무늬 토기를 사용했다. 농사를 짓고 고기잡이를 하며 마을을 이루고 살았다.	**기원전 3000년**	**기원전 1500년** 민무늬 토기를 사용했다. 동아시아에서 청동기 시대가 시작되었다.

선사 시대란 무엇일까

인간은 오랜 진화를 거친 후 지구상에 모습을 나타냈습니다. 그때부터 이 땅에서 인간의 역사가 시작되었습니다. 역사학자들은 문자로 기록을 남기기 이전의 시대를 선사 시대라고 부릅니다. 선사 시대는 구석기 시대와 신석기 시대를 말합니다.

이때는 아직 문자가 발명되기 전이었으며, 남아 있는 유물이나 유적을 통해 생활상을 알 수 있습니다.

따뜻해진 기후와 새로운 주변 환경

신석기 시대는 기원전 8000년쯤부터 시작했습니다. 그즈음에 빙하기가 끝나고 기후가 따뜻해졌습니다. 초원에는 울창한 숲이 생겼고, 거대한 털코끼리 대신 노루, 멧돼지, 토끼 등 작고 날쌘 동물들이 나타났습니다.

신석기 혁명

새로운 자연환경 속에서 인류는 처음으로 원시적인 농경과 목축을 하며 식량을 생산하기 시작했습니다. 신석기 시대는 구석기 시대에 비해 생활 모습에서 여러모로 엄청난 변화가 일어난 시기였습니다. 이를 가리켜 '신석기 혁명'이라고 합니다.

암사동 선사 주거지 서울 암사동에는 한강 중류의 강변 지대에 살았던 신석기 시대 사람들의 주거지 유적이 있다.

우리나라의 신석기 유적 신석기 시대 사람들은 물과 식량이 풍부한 곳에서 정착 생활을 했다. 그래서 신석기 시대 유적은 주로 바닷가나 섬, 큰 강 주변에 자리잡고 있다.

신석기 시대의 마을 생활

신석기 시대 사람들의 생활 모습은 구석기 시대에 견주어 여러 가지가 달라졌습니다. 우선 동굴에서 나와 평지에 집을 짓게 되었습니다. 그리고 고기잡이, 농사, 사냥 등 먹고사는 일에 필요한 간석기를 두루 만들어 썼습니다. 먹을거리를 담아 두거나 음식을 조리하는 데에는 토기를 만들어 사용했습니다.

신석기 시대 사람들은 몇십 명씩 마을을 이루어 공동체 생활을 했습니다. 마을 사람들은 모두 같은 씨족이었으며 서로 평등했기 때문에, 함께 일하고 골고루 나누어 먹었습니다.

서울 암사동의 신석기 유적

서울 암사동에 있는 선사 주거지 유적에서는 신석기 시대 사람들이 집을 지었던 자리와 빗살무늬 토기를 비롯한 여러 가지 유물이 발굴되었습니다. 우리는 그런 유적과 유물을 바탕으로 신석기 시대 사람들이 어떻게 살았는지 상상해 볼 수 있습니다.

차례

2 언제 쓴 일기일까?

곰 씨족 마을의 아침 6

9 먹을거리 구하기 ↪ 죽 요리 · 도토리묵 · 조개구이

돌창 던지기는 정말 어려워 10

11 ↪ 강가에 자리 잡은 신석기 시대 마을

쪼개진 돌 14

15 새로운 석기 만들기

나물 철이 돌아오다 16

17 채집하기

생각하기 싫은 실수 18

19 숲의 새로운 주인들

23 사냥 도구 ↪ 여러 가지 사냥 방식

밭 일구기는 힘들어 24

사라진 씨앗 자루 25

27 농사 기술은 어디서 전해졌을까? ↪ 사계절 농사와 농기구

네눈박이를 잡지 마세요 28

사슴 씨족 마을을 가다 30

31 교역

35 베옷 만들기 ↪ 옷차림과 장신구

↪ 책 속의 날개를 넘기면 더 많은 읽을거리가 있어요!

아, 살았다! 36	39 고기잡이 ⇄ 고래잡이
늑대 씨족과 다투다 40	41 신석기 시대의 무덤
검게 빛나는 돌을 찾아서 42	43 신앙과 예술
토기가 불을 잘 머금게 44	45 토기 만들기
악착같이 도토리 줍기 46	
아버지가 돌아오다 48	48 돌과 석기
모두 모여 움집을 50	51 움집 짓기
조가비 팔찌를 고른 이유 52	53 씨족 사회
째진눈이를 구하자 54	
멧돼지를 잡으러 56	
우리도 이제 어른이다 60	

곰 씨족 마을의 아침

기원전 3000년 3월 24일

아침에 움집 밖으로 나가니 봄 햇살이 눈부셨다. 하지만 아침 바람은 아직 쌀쌀해서 몸이 으스스했다. 그래도 미운 겨울이 가서 다행이다.

너른 마당에서 엄마와 맑은샘이 누나, 어여쁜이 아줌마가 도토리죽을 끓이고 있었다.

"사슴뿔이야, 일어났으면 땔감 좀 가져오렴."

엄마는 눈곱도 떼기 전에 심부름부터 시켰다. 나는 얼른 움집 뒤 나뭇더미에서 잔가지를 한 아름 가져다가 화덕에 집어넣었다.

"또 도토리죽이야? 말린 고기라도 좀 넣고 끓이지."

째진눈이가 돼지우리 쪽에서 걸어오며 툴툴거렸다.

"말린 고기 떨어진 지가 벌써 언젠데, 엉뚱한 소리니?"

맑은샘이 누나가 막대기로 죽을 휘저으며 퉁을 놓았다.

"고기가 없으면 남겨 둔 씨앗이라도 덜어서 죽을 쑤든지. 날마다 도토리죽, 정말 지겨워."

"씨앗을 먹다니! 너 정신이 있는 애니, 없는 애니?"

맑은샘이 누나는 열이 나서 또 쏘아붙였.

지난 겨울 내내 우리 곰 씨족은 사슴 한 마리와 토끼, 오리 같은 작은 짐승 몇 마리밖에 못 잡았다. 그 때문에 말린 물고기와 고기

먹을거리 구하기

기후가 따뜻해진 신석기 시대에 이르러 사람들은 더 다양한 방법으로 먹을거리를 구했다. 채집과 사냥은 여전했지만, 고기잡이와 농사는 새로운 일이었다.

구석기 시대와 마찬가지로 나물이나 열매 따위를 **채집**하여 먹었다.

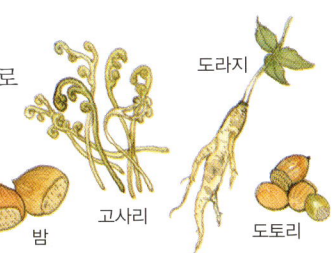

밤 고사리 도라지 도토리

사슴 토끼 꿩

멧돼지

사냥도 계속했는데, 구석기 시대의 털코끼리와는 달리 사슴이나 멧돼지같이 작고 빠른 짐승들을 사냥했다.

신석기 시대에는 물가에서 **고기잡이**를 하며 사는 사람들이 많아졌다.

삼치 넙치 참다랑어 상어 바지락 모시조개 피뿔고둥 홍합 가리비 전복 소라

기장 수수

신석기 시대 사람들은 처음으로 **농사**를 지어 먹을거리를 마련했다.

돌창 던지기는 정말 어려워

기원전 3000년 4월 2일

봄이 오자 어른들은 바삐 움직였다. 남자들은 연장을 손질하거나 돼지우리를 치웠고, 여자들은 움집을 청소하고 봄볕 아래 모여 앉아 뼈바늘로 옷을 기웠다.

나는 엄마를 도와 화덕의 재를 퍼다 버리고 난 뒤 아이들하고 강가 모래톱에 나가 돌창 던지기를 했다. 마침 강물에 떠밀려 온 통나무가 있어서 그걸 맞히기로 했다.

곰손이가 던진 창은 번번이 통나무를 훌쩍 비껴갔다. 나는 몇 걸음 뒤로 물러났다가 내달려 가면서 창을 던졌는데, 통나무에는 미치지도 못하고 영 엉뚱한 쪽으로 날아갔다. 곰손이는 힘이 남아돌아 탈이고 나는 힘이 모자라 탈이다.

"야, 너희 둘이서 사냥 나가면 멧돼지한테 들이받히기 딱 좋겠는데?"

째진눈이가 빈정거렸다.

"그래, 너는 얼마나 잘하는지 한번 보자."

나는 약이 올라 씩씩거리면서 말했다.

째진눈이는 킬킬 웃더니 제자리에서 몸을 한껏 뒤로 젖혔다가 창을 던졌다. 쌩 날아간 창은 통나무에 그대로 꽂혔다.

"봤지? 너희는 아직 멀었어."

곰손이와 나는 기가 팍 죽었다.

멧돼지를 잡을 수 있다는 째진눈이의 말이 마냥 허풍은 아니다. 아마 째진눈이는 곧 멧돼지를 잡게 될 테고, 곰 씨족의 당당한 남자로 인정받게 될 거다. 하지만 곰손이와 나는 멧돼지는커녕

는 진작에 동났고, 피와 기장도 다 떨어졌다. 남은 것이라고는 도토리와 말린 나물뿐인데, 그나마도 넉넉지 않아 아끼고 또 아껴야 한다.

"내가 사냥을 나가면 멧돼지 한 마리쯤은 거뜬히 잡을 텐데."

째진눈이는 창 던지는 시늉을 하면서 또 잘난 체를 해서 누나의 눈총을 받았다.

곧 마을 사람 모두에게 묽은 도토리죽이 한 그릇씩 돌아갔다. 다들 뜨거운 죽을 후후 불어 가며 바닥에 들러붙은 것까지 닥닥 긁어 먹었다.

나는 죽을 조금 남겼다. 저 먹을 게 있는 줄 용케도 알고 네눈박이가 꼬리를 치며 달려왔다. 남긴 죽을 녀석에게 주었더니 게 눈 감추듯 먹어 치웠다.

이 녀석이 다 크면 정말 사냥을 할 수 있을까? 내 도토리죽을 뺏어 먹은 값은 당연히 하겠지. 안 그러면 정말 억울할 것 같다.

그나저나 다음 사냥에서는 꼭 멧돼지를 잡아서 온 마을 사람들이 배불리 먹었으면 좋겠다.

죽 요리

낟알 곡식이 매우 귀하던 시절에는 나물이나 열매 따위를 함께 넣고 죽을 쑤어 먹었다. 죽은 적은 양으로도 많은 사람의 배를 채울 수 있었다. 쇠비름·냉이·아욱처럼 주변에 흔히 자라는 채소를 넣고 끓인 죽을 많이 먹었다.

죽을 만들려면 맨 먼저 곡식의 낟알을 **갈판**에 놓고 **갈돌**로 문질러 껍질을 벗겨야 한다.

곡식 가루와 함께 넣을 나물과 고기 따위를 **돌자르개**로 잘게 썬다.

준비한 재료를 **토기**에 넣고 물을 부어 푹 끓인다.

죽이 다 끓으면 모두 모여서 **나뭇잎이나 조개껍질로 만든 접시**에 덜어 먹는다.

도토리묵

숲에서 가장 손쉽게 얻을 수 있는 도토리는 당시 사람들의 주식이었다. 그러나 떫은맛이 나기 때문에 그대로 먹을 수는 없었다.

말린 도토리를 곱게 갈아서 **가루**로 만든다.

가루를 **물에 풀어서** 우려내면 **떫은맛**이 없어진다.

물에 푼 가루를 잘 저으면서 걸쭉해질 때까지 **끓인다.**

어느 정도 끓이다가 식히면 굳어서 **도토리묵**이 된다.

조개구이

구덩이를 얕게 파고 불에 달군 돌을 깐 다음, 그 위에 조개를 올리면 간단한 **굽돌 화덕 조개구이**가 완성된다.

음식을 만들기 위해서는 불을 피워야 했다. 불을 피우는 방법은 여러 가지가 있었지만, 마찰을 쉽게 일으킬 수 있는 **활비비**를 주로 이용했다.

한강 유역의 신석기 유적
한강 유역에는 암사동 신석기 주거지 같은 신석기 시대 유적지가 강가를 따라 30군데 넘게 자리잡고 있다.

강가에 자리 잡은 신석기 시대 마을

신석기 시대 사람들은 큰 강가나 언덕배기에 자리를 잡고 살았다. 집들은 서로 뚝 떨어져 있지 않고 대개 20~30여 채 이상이 모여 마을을 이루었다. 마을은 씨족에 따라 크기가 조금씩 달랐으며, 갈수록 더 커졌다. 마을 사람들은 서로 평등했기 때문에 농사든 사냥이든 함께 모여 일했고, 또 함께 나누어 먹었다.

쪼개진 돌

기원전 3000년 4월 11일

며칠 전에 도낏자루로 쓸 나무를 깎다가 돌칼을 떨어뜨렸다. 그 바람에 돌칼이 똑 부러졌다. 아버지한테 부탁하면 새로 만들어 주겠지만 그러기 싫었다. 나도 이제 클 만큼 컸으니까 돌칼쯤은 내 손으로 만들어 써야 한다.

마침 강가에서 돌칼 만들기에 썩 괜찮은 돌을 하나 주웠다. 그 돌을 가지고 마을 한쪽에 있는 작업장으로 갔다. 작업장에서는 아저씨들이 연장을 만들고 있었다. 뚝딱 아저씨도 거기 있었다. 뚝딱 아저씨는 연장 만드는 솜씨가 아주 뛰어나다. 돌도 잘 다룰 뿐만 아니라 뿔이나 뼈, 나무로 온갖 것을 뚝딱뚝딱 잘도 만든다.

아저씨는 숫돌에 돌도끼 날을 갈다 말고 내게 칼 만드는 요령을 자세히 일러 주었다.

나는 돌을 모룻돌에 톡톡 치면서 칼 모양을 잡아 나갔다. 돌을 치다 보면 엉뚱한 데가 떨어져 나가기 일쑤여서 아주 조심해야 한다.

돌을 가지고 한참 씨름하고 있는데 째진눈이가 작업장에 왔다. 째진눈이는 긴 나무 손잡이에 사슴뼈로 만든 날카로운 촉을 묶은 뼈작살을 들고 있었다.

아저씨들은 작살을 이리저리 뜯어보며 입을 모아 칭찬했다.

"째진눈이, 너 제법인데! 미늘도 아주 잘 만들었어."

토끼 한 마리도 못 잡을지 모른다.

째진눈이는 작살을 만든다며 마을로 돌아갔고, 곰손이와 나는 한참 동안 남아서 창을 더 던졌다. 하지만 솜씨는 나아지지 않았다. 그래도 곰손이는 가끔씩 통나무를 맞혔는데, 내가 던진 창은 던지는 족족 엉뚱한 데로만 날아갔다.

아무래도 나한테는 무거운 돌창보다 활이 맞는 것 같다. 내일부터 활을 만들어 봐야겠다. 활은 만들기 어렵지만, 뚝딱 아저씨한테 조르면 도와줄지도 모른다.

저녁나절에 족장님을 따라 강으로 통발을 걷으러 나갔다. 족장님은 물고기가 잘 잡힐 철은 아니지만 혹시나 해서 아침에 통발을 몇 개 놓았다고 했다.

"마을 사람 모두 한 끼니 실컷 먹을 만큼만 걸렸으면 좋겠어요."

내 말에 족장님은 고개를 저었다.

"혹시나 해서 놓은 거니까 너무 기대하지 마라."

그래도 나는 펄떡펄떡 뛰는 물고기가 잔뜩 들어 있을 것 같은 느낌이 들었다.

그 느낌은 곧바로 빗나갔다. 통발 속에는 손바닥만 한 물고기가 고작 세 마리밖에 들어 있지 않았다.

마을로 돌아와 그 물고기를 너른 마당 화덕에 구웠는데, 누구 코에 붙이고 자시고 할 것도 없었다. 나도 꼬리 쪽 살점을 조금 떼어 먹었다가 괜히 입맛만 버렸다.

날이 따뜻해지기만 해 봐라. 물고기란 물고기는 모조리 잡고야 말겠다.

"정말 솜씨가 좋은걸. 물고기 잡이 철이 오면 저 큰 강 물고기를 네가 다 잡겠구나."

가끔씩 너무 젠체해서 밉살맞지만 째진눈이의 작살은 내가 봐도 정말 멋졌다.

나도 돌칼을 잘 만들어야겠다는 생각에 열심히 돌을 두드렸다. 하지만 돌이 워낙 단단해서 잘 떨어져 나가지 않았다. 그래서 조금 세게 돌을 내리쳤다.

아이코! 퍽 소리가 나더니 돌이 반으로 쪼개져 버렸다. 돌을 아주 못 쓰게 망치고 말았다. 이런 돌을 줍기는 쉽지 않은데…….

뚝딱 아저씨가 끌끌 혀를 찼다. 나는 왜 늘 이 모양인지 모르겠다. 염치가 없어서 활 만드는 거 도와달라는 말은 꺼내지도 못했다.

해 질 녘까지 곰손이와 함께 강가 자갈밭을 다니며 돌을 또 찾아보았다. 하지만 쓸 만한 돌은 줍지 못했다.

새로운 석기 만들기

신석기 시대에는 정착 생활을 하게 되면서 돌을 더 오랫동안 다듬을 시간이 있었다. 돌을 깨거나 떼어서 만드는 기술은 예전부터 있었고, 여기에 여러 가지 새로운 기술이 보태져 신석기가 만들어졌다.

먼저 쓰임새에 따라 필요한 돌을 골라야 한다. 단단하면서도 얇게 쪼개지는 **점판암**이나 **판암**이 널리 쓰였다.

큰 돌덩이에서 석기를 만들 돌감을 적당한 크기로 떼어 낸다.

만들려는 석기의 모양에 따라 **돌톱**으로 돌을 자르기도 한다.

모양이 대강 나오면 **숫돌**에 갈아서 날카롭고 정교하게 만든다.

석기에 구멍이 필요하면 돌송곳 자루를 단 **활비비**를 밀고 당겨 뚫으면 된다.

자루를 달아 완성한 돌창

나물 철이 돌아오다

기원전 3000년 4월 19일

나물 철이 돌아왔다. 아기 돌볼 사람들만 빼고 여자들은 날마다 들과 산을 쏘다니며 나물을 캤다. 벌써 며칠째다.

나물은 당장 먹기도 하지만, 다음 봄이 올 때까지 두고두고 먹어야 하기 때문에 엄청나게 많이 뜯어다가 말려 두어야 한다. 앞으로도 한동안 여자들은 아침부터 해가 질 때까지 산과 들에서 살다시피 해야 한다.

저녁 무렵, 여자들이 바구니와 자루를 이고 지고 돌아왔다.

"오늘은 운이 참 좋았어. 이거 볼래?"

맑은샘이 누나가 바구니를 보여 주었다. 굵직한 마가 바구니에 그득했다.

"맑은샘이는 엄마를 닮아서 나물 캐는 데는 정말 귀신이라니까!"

어여쁜이 아줌마가 웃으며 말했다.

엄마는 정말 언제 어디서 어떤 나물이 나는지 훤히 꿰고 있다. 병이 났을 때 어떤 약초를 쓰는지, 그 약초가 어디에서 자라는지도 다 알고 있다. 그래서 나물을 캐러 갈 때는 늘 엄마가 앞장을 선다. 나물이나 약초를 잘 캐는 걸 보면 누나가 엄마를 닮은 건 틀림없다. 그런데 나는 왜 아버지를 안 닮았을까?

아버지는 우리 씨족의 사냥 대장이다. 그전에는 족장님이 사냥을 이끌었는데, 나이가 들어 기력이 약해지면서 아버지가 맡게 되었다.

아버지는 호랑이 씨족 출신으로 우리 곰 씨족인 엄마에게 장가를 들었다. 그리고 장가든 지 얼마 안 되어 돌창으로 호랑이를 잡았다고 한다. 그 호랑이의 송곳니는 아버지 허리춤에 달려 있고, 가죽은 지금까지 큰 움집 바닥에 깔려 있다. 호랑이를 잡은 뒤로 사람들은 아버지를 '호랑이 이빨'이라 불렀다고 한다.

아버지는 이렇게 뛰어난 사냥꾼인데 나는 왜 뭐 하나 제대로 하는 게 없을까.

아무튼 오늘은 맑은샘이 누나 덕분에 마을 사람들이 모두 마죽을 맛있게 먹었다. 어른들은 입에 침이 마르도록 누나를 칭찬했다. 누나가 칭찬을 들으니 나도 덩달아 기분이 좋았다.

채집하기

사냥만큼 힘들고 위험하지는 않았지만, 채집에도 여러 가지 준비가 필요했다. 그래서 언제 무엇을 딸지, 맹수나 뱀은 없는지 미리 의논하고 준비물을 챙겨야 했다. 채집은 주로 여성이나 아이들이 했지만, 도토리처럼 한꺼번에 많이 따야 하는 것은 마을 사람들이 모두 매달려서 했다.

신석기 시대 사람들은 오랜 경험을 바탕으로 **먹을 수 있는 풀이나 나무 열매**가 무엇인지 잘 알고 있었다.

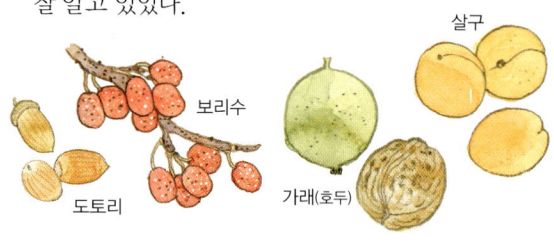

채집할 때는 **뒤지개**나 **뿔괭이**로 땅을 파고, **돌칼**로 뜯어서 **망태기**에 담았다.

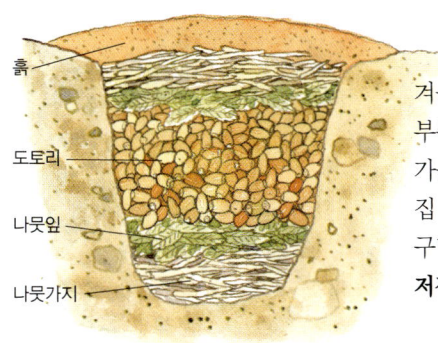

겨울에는 먹을 것이 부족했다. 도토리는 가을에 많이 따서 집 안이나 바깥에 구덩이를 파고 **저장**했다.

생각하기 싫은 실수

기원전 3000년 4월 22일

오늘은 사냥을 하러 나가는 날이다. 마을 사람들 모두 해 뜨기 전에 일어나 부지런히 채비를 했다. 나와 째진눈이, 곰손이는 나무창을 들고 따라나섰다. 우리는 아직 어리기 때문에 몰이꾼 노릇을 하거나 어른들 뒤를 따라다니기만 한다. 언젠가는 우리도 돌창을 던지거나 활을 쏠 날이 오겠지.

오늘 사냥은 꼭 성공해야 했다. 숲이 더 우거지면 사냥이 어려워지는 데다, 이제 도토리마저 떨어져 가기 때문이다. 사냥에 실패하면 모두 굶어야 할지도 모른다.

사냥하러 가기 전, 곰 씨족 사람들은 모두 마을 어귀에 있는 큰나무 신령님 앞에 모였다.

둥두둥둥 두둥, 북소리가 울리자 깊은주름 할머니는 깨끗한 옷에 사슴뿔로 만든 모자를 쓰고, 가리비 목걸이와 조가비 팔찌를 차고 춤을 추었다. 손짓을 할 때마다 팔찌끼리 부딪치는 소리가 잘그랑거렸다. 곧 춤

을 멈춘 할머니는 두 손을 모아 신령님께 빌었다.
"비나이다, 비나이다. 우리 곰 씨족을 보살펴 주시는 신령님께 비나이다. 오늘 곰 씨족 사내들이 짐승을 많이 잡게 해 주시고, 부디 다치지 않고 돌아오도록 살펴 주소서. 활과 창을 맞고 죽은 멧돼지와 사슴의 영혼도 돌봐 주소서."
할머니가 큰나무 신령님께 절을 올리자 나머지 사람들도 따라 절을 올렸다.
비나리가 끝난 뒤 남자들은 산속으로 들어갔다.
"자, 지금은 멧돼지가 새끼를 낳는 철이니까 조심해야 한다. 새끼를 지키려고 물불 가리지 않고 덤벼들 수 있거든."
사냥 대장인 아버지가 아이들에게 미리 일러 주었다.

숲의 새로운 주인들

신석기 시대부터 오늘날 같은 숲과 그 속에 사는 동물들의 모습이 갖추어졌다.

구석기 시대의 빙하기에는 소나무, 가문비나무 같은 **침엽수**가 대부분이었다. 신석기 시대에 기후가 따뜻해지면서 참나무 따위의 **활엽수**가 많아졌다. 숲에는 침엽수와 활엽수가 반반쯤 섞여 있었다.

기후가 따뜻해지자 추운 곳에 적응해 살던 털코끼리나 순록은 북쪽으로 물러가고, **사슴**이나 **멧돼지**처럼 작고 빠른 동물들이 숲의 주인공으로 등장했다.

우리는 골짜기를 따라
산속으로 깊이 들어갔다. 얼마나 걸었을까, 맨 앞에 가던 아버지가 뒷사람들에게 손바닥을 펴 보였다. 다들 멈춰 서서 몸을 웅크렸다.

멧돼지가 주둥이를 땅에 처박고 쿵쿵거리며 칡뿌리를 캐 먹고 있었다. 젖이 늘어진 걸 보면 새끼를 낳은 지 얼마 안 된 멧돼지였다.

어른들이 창과 활을 나누어 쥐고 조심스레 멧돼지에게 다가갔다.

나는 다른 아이들과 함께 숨을 죽이고 사냥하는 모습을 지켜보았다. 그런데 나뭇가지가 앞을 가려 잘 보이지 않았다. 그래서 비탈로 몇 걸음 올라가려다가 그만 엄청난 일을 저지르고 말았다. 돌부리에 걸려 넘어지면서 "으악!" 하고 소리를 질러 버린 것이다.

그 뒤에 벌어진 일은 생각도 하기 싫다. 멧돼지는 물불 안 가리고 날뛰기 시작했고, 어른들은 달려드는 멧돼지에게 부랴부랴 활을 쏘고 창을 던졌다. 하지만 화살 한 대만 멧돼지 엉덩이를 맞혔을 뿐, 죄다 빗나갔다.

"내가 맡을 테니 다들 도망쳐!"

아버지는 두 번째 창을 쥐고 다급하게 소리쳤다.

다른 사람들은 모두 도망치고, 아버지는 달려드는 멧돼지에게 돌창을 날렸다. 돌창이 멧돼지의 어깻죽지를 맞혔지만, 멧돼지는 그대로 달려와 아버지의 허벅지를 들이받았다. 돌창의 날이 무뎌서 깊이 박히지 않은 것이다.

아버지는 멧돼지에게 한 번 들이받힌 뒤 가까스로 나무에 올라가 더 큰 화는 면했다. 나 때문에 이런 일이 벌어졌다. 사람들 앞에 고개를 들고 다닐 수가 없다.

기원전 3000년 4월 23일

아버지 다리가 퉁퉁 부었다. 엄마가 약초를 짓이겨 상처에 바르면서 괜찮을 거라고 했는데 웬걸, 오늘은 열까지 펄펄 끓어 하루 종일 정신을 놓다시피 했다.

다 내 탓이다. 내가 그때 돌부리에 걸려 넘어지지만 않았어도 아버지는 다치지 않았을 거다.

아버지는 내 잘못이 아니라 창날과 화살촉이 무딘 때문이라고 했다. 그러면서 날카로운 촉을 만들 '검게 빛나는 돌'을 구해야 한다고 했다. 하지만 잔뜩 풀 죽은 나를 달래려고 한 말일 뿐이다.

아버지가 또 끙끙 앓는 소리를 낸다. 마음이 아파 듣고 있을 수가 없다. 아까 큰나무 신령님께 제발 낫게 해 달라고 빌었는데, 또 가서 빌어 봐야겠다.

여러 가지 사냥 방식

사냥 도구와 마찬가지로 사냥하는 방식도 중요했다. 사람들은 오랜 경험을 바탕으로 사냥감의 특성에 맞는 사냥 방식을 개발해 나갔다.

인류가 처음 사냥을 할 때는 맹수들이 사냥했거나 먹다 남긴 것을 **가로채는 방식**으로 고기를 얻었다.

신석기 시대에는 몰이사냥도 했지만, 처음으로 **활**과 **화살**을 이용하기 시작했다. 조금만 가까이 가도 잽싸게 달아나는 사슴이나 멧돼지를 잡기 위해 멀찍감치 숨어서 활을 쏘았다.

개

멧돼지

구석기 시대에는 쌍코뿔이나 털코끼리같이 크고 둔한 짐승들이 많이 살았다. 이때는 짐승을 몰아서 미리 파 놓은 구덩이에 빠뜨리거나 벼랑으로 몰고 가서 떨어뜨리는 **몰이사냥**을 많이 했다.

사람들은 사냥해서 잡은 멧돼지나 개를 바로 잡아먹지 않고, 우리에 가두어 놓고 기르다가 필요할 때 잡아먹을 수 있다는 생각을 했다. 이때부터 **목축**이 시작되었다.

사냥 도구

사냥은 채집보다 힘들고 위험하지만, 고기와 가죽을 얻을 수 있어서 사람들은 줄곧 사냥을 했다.
사냥에 성공하려면 사냥감에 알맞은 도구들을 써야 했다.

구석기 시대에는 주로 크고 느린 동물을 놓고 몰이사냥을 했다. 그래서 창 말고도 **불망치** 같은 몰이 도구를 이용했다.

신석기 시대 사람들은 작고 빠른 동물들을 사냥하기 위해 **창**과 더불어 **활**을 많이 이용했다.

밭 일구기는 힘들어

기원전 3000년 4월 26일

힘겨운 나날이다. 곰 씨족 사람들은 잘 먹지 못해 하나같이 얼굴이 꺼칠하다. 얼마 전 한 아주머니는 젖이 말라 갓난아기를 잃기까지 했다.

그래도 마을 사람들은 모두 나서서 새 밭을 일구었다. 묵은 밭은 놔 두고, 풀과 나무가 뒤엉켜 자라는 그 옆 땅에 어른들이 어제 불을 질러 놓았다.

남자 어른들은 돌도끼와 돌괭이, 돌보습으로 타다 남은 굵은 나무를 자르고 뿌리를 캐냈다. 여자들과 아이들은 풀뿌리를 뽑고 돌멩이를 골라냈다.

째진눈이는 빈둥대다가 누나한테 한 소리 들었다.

"너는 어째 하는 둥 마는 둥이니?"

"농사는 여자들 일이잖아?"

째진눈이도 발끈해서 지지 않고 말했다.

그걸 본 어여쁜이 아줌마가 "농사는 여자들 일이지만 밭 일구는 일만큼은 워낙 힘들기 때문에 다 같이 해야 한다."고 타일렀다. 째진눈이는 마지못한 듯 "네." 하고 대답했지만, 어느 틈엔가 사라지고 보이지 않았다.

나는 사냥을 망친 게 미안해서 쉬지 않고 일했다.

아이고, 아까 너무 열심히 일했나 보다. 장딴지랑 허벅지가 뻐근해서 앉았다 일어서기도 힘들다. 내일은 나도 꾀를 좀 피울까 보다.

사라진 씨앗 자루

기원전 3000년 4월 28일

간밤에 비가 촉촉이 내려 새로 일군 밭에 씨앗을 뿌리기로 했다. 그런데 마을 공동 창고 기둥에 매어 둔 씨앗 자루 하나가 없어졌다. 온 마을이 발칵 뒤집혔다.

사람들이 마을을 샅샅이 뒤졌지만 자루는 나오지 않았다.

먹을 게 모자라도 끝내 먹지 않고 악착같이 지켜 낸 씨앗을 훔쳐 가다니! 누군지 몰라도 정말 간이 크다.

어제와 오늘 마을 공동 창고를 드나든 여자들은 다 의심을 받았다. 아침 끼니에 쓸 도토리를 가지러 들어갔던 맑은샘이 누나도 기분이 나빠 어쩔 줄 몰라 했다.

어른들이 회의를 했지만 아무것도 알아내지 못한 채 나머지 씨앗을 밭에 뿌렸다.

범인은 그 귀한 씨앗으로 자기 배를 채웠겠지. 저만 생각하는 범인이 정말 밉다.

사계절 농사와 농기구

신석기 시대 사람들은 처음으로 농사를 지어 먹을거리를 마련했다. 사람들이 한곳에 정착해서 살 수 있었던 데에는 고기잡이와 더불어 농사가 중요한 몫을 했다. 한 해 농사에는 일의 순서와 그에 알맞은 농기구가 있었다.

농작물을 심으려면 먼저 **밭을 마련**해야 한다. 도끼로 숲의 나무를 베어 내고, 쓰러진 나무가 마르면 불을 지른 뒤 나무뿌리와 돌을 캐낸다. 나무가 탄 재는 좋은 거름이 되었다.

돌도끼

돌보습으로는 **땅을 갈아서** 흙을 부드럽게 했다.

돌보습

괭이로 땅을 고르고 **씨를 뿌린다.**

뿔괭이
돌괭이
뒤지개

멧돼지 송곳니 낫

반달 모양 돌칼

가을이 되면 **돌칼** 따위로 곡물의 이삭을 따 내어 **수확한다.**

농사 기술은 어디서 전해졌을까?

신석기 시대 우리 땅에는 주로 중국에 살던 사람들의 농사 기술이 전해져서 기원전 4000년 무렵부터 농사를 짓기 시작했다.

농업이 전파된 길
기원전 5000년에서 3000년 시기에 황허 강과 양쯔 강 유역에서 발달한 농경 문화는 해안 길과 바닷길을 통해 주변 지역으로 전해졌다.

조 수수

신석기 시대에는 대개 밭에서 **수수**나 **기장**, **조** 같은 낟알 곡식을 재배하며 농사를 지었다.

네눈박이를 잡지 마세요

기원전 3000년 5월 2일

어른들이 큰 움집에 모여 돼지를 잡을지 말지 회의를 열었다. 나는 무슨 얘기가 오가는지 궁금해서 곰손이와 함께 문틈으로 안을 들여다보았다.

"겨울을 나면서 세 마리를 잡아먹어 이제 돼지가 암수 두 마리뿐입니다. 한 마리를 또 잡으면 번식시킬 수가 없으니, 차라리 네눈박이를 잡는 게 어떨까요?"

족장님 말에 나는 가슴이 철렁 내려앉았다. 네눈박이는 아버지와 마을 아저씨들이 강 건너 골짜기에 있는 새매 씨족 마을에 가서 사슴 가죽과 맞바꿔 온 개였다. 다 크면 사냥에 데리고 나갈 네눈박이를 잡아먹는다니, 말도 안 된다. 더구나 지난겨울에 데려와 이제 겨우 강아지 티를 벗었을 뿐인데…….

"네눈박이는 사냥에 큰 도움을 줄 겁니다. 물고기 잡이 철도 멀지 않은데 조금만 더 견딥시다."

아버지가 사정하듯 얘기했다.

"다른 사람들은 견딜 수 있지만 아기를 낳은 사람이나 몸이 아픈 사람들은 자칫하면 큰일 납니다. 돼지를 잡느니 네눈박이를 잡는 편이 낫지요."

어여쁜이 아줌마 얘기였다.

아버지도 더는 반대하지 못했다. 오랫동안 앓은 아버지야말로 고기를 꼭 먹어야 할 사람이었다.

끝내 어른들은 네눈박이를 잡기로 했다.

끼니때마다 나 먹기도 모자라는 죽을 남겨 가며 키웠는데, 네눈박이를 잡아먹겠다니! 눈물이 날 것 같아서 눈을 껌벅거렸다. 그때 네눈박이가 꼬리를 치며 내 품으로 달려들었다.

기원전 3000년 5월 4일

네눈박이를 잡기로 한 날이라 슬프고 속상했다. 죽도 먹기 싫고 누가 말을 붙여도 콧방귀조차 뀌기 싫었다.

그런데 놀라운 일이 생겼다. 네눈박이가 숲에서 꿩을 물고 달려 나온 것이다. 네눈박이는 내 앞에 꿩을 떨어뜨리고는 혀를 빼문 채 헐떡거렸다.
"우아, 네가 꿩을 잡았구나!"
나는 네눈박이의 목을 끌어안고 얼굴을 막 비벼 댔다. 그러고 나서 온 마을이 떠나가라 소리쳤다.
"네눈박이가 꿩을 잡아 왔어요! 꿩을 잡았다구요!"

"네눈박이를 잡기로 한 건 정말 잘한 일이야. 비쩍 말라빠진 개가 사냥은 무슨 사냥, 늑대한테 물려 가지나 않으면 다행이지."
째진눈이가 내 속을 박박 긁었다. 나는 분을 참을 수가 없어서 째진눈이의 가슴팍을 냅다 떠밀었다. 뒤로 벌렁 자빠진 째진눈이가 벌떡 일어나 주먹을 쥐고 달려들었다. 아이들이 뜯어말리지 않았다면 코피가 터지도록 싸웠을지도 모른다.
나는 기분이 나빠서 나무 그늘에 털퍼덕 주저앉아 있었다.

마을 사람들이 우르르 몰려왔다. 다들 나만큼이나 놀라 눈이 휘둥그레졌다. 어른들은 곧 회의를 열어 네눈박이를 잡지 않기로 했다.
네눈박이는 스스로 제 목숨을 구했다. 하하하, 정말 대단하다. 그리고 정말 다행이다.
네눈박이를 생각하면 지금도 꼭 날아갈 것만 같은 기분이다. 앞으로는 네눈박이한테 죽을 더 많이 남겨 줘야지.

사슴 씨족 마을을 가다

기원전 3000년 5월 9일

아침 일찍 몇몇 어른들과 통나무배를 타고 강을 거슬러 올라 사슴 씨족 마을을 찾아갔다. 우리 마을에서 만든 갈대 바구니와 옷감을 먹을 것으로 맞바꾸러 가는 길이었다. 곰손이와 째진눈이, 나도 거기에 끼었다.

네눈박이는 데려갈 생각이 없었는데, 요 녀석이 어떻게 알고 나보다도 먼저 배에 올라타 버렸다. 그래서 할 수 없이 그냥 데리고 갔다.

요즘 네눈박이는 내 꽁무니만 졸졸 따라다닌다. 잠도 우리 움집 문 앞에서만 잔다. 가끔 귀찮을 때도 있지만 은근히 기분이 좋다. 이 녀석, 저를 잡아먹을 수 없게 되는 바람에 먹을거리를 구하러 가는 길이라는 건 까맣게 모르겠지.

우리 배를 보고 사슴 씨족 사람들이 강가로 마중을 나왔다. 그중에서 키가 훌쩍 큰 번개구름 형을 나는 멀리서도 대번에 알아보았다. 번개구름 형은 원래 우리 곰 씨족 사람인데, 사슴 씨족 여자에게 장가들어 그 마을에 살고 있다.

형이 많이 컸다면서 나를 끌어안고 등을 토닥거릴 때는 하도 반가워 눈물까지 날 뻔했다. 형이 우리 마을에 살 때는 함께 다니면서 뭐든 가르쳐 주었다. 그땐 째진눈이도 지금처럼 잘난 체하지 않았다.

번개구름 형은 코밑과 턱에 수염이 나서 좀 아저씨 같아졌다. 하긴 얼마 전 첫아기를 낳았다니 아저씨는 아저씨였다.

족장님이 배에 싣고 온 갈대 바구니와 옷감을 사슴 씨족 사람들에게 선물로 건넸다. 그런데 어쩐지

사슴 씨족 사람들은 선물을 달가워하는 것 같지 않았다. 우리 마을에서 만든 바구니와 옷감은 워낙 질이 좋아서 어딜 가나 환영받는데, 참 이상한 일이었다.

우리를 큰 움집으로 데려간 사슴 씨족 족장님이 곧 먹을거리를 내왔다. 먹을거리라고 해 봐야 도토리떡에 맹물뿐이었다.

우리 족장님이 지난겨울 사냥이 잘 안 돼 먹을거리가 모자란다는 사정을 얘기했다. 그러자 사슴 씨족 족장님이 어두운 얼굴로 자기네 마을도 겨우내 사냥이 잘 안 돼 먹을거리가 넉넉지 않기는 매한가지라고 했다. 그리고 좋은 선물을 받았는데 그에 걸맞은 답례품이 없어 걱정이라고도 했다. 우리가 준 선물을 달가워하지 않은 까닭은 그 때문이었다.

교역

신석기 시대 사람들도 오늘날과 마찬가지로 교역을 했다. 털가죽이나 말린 생선, 조개 팔찌, 흑요석 따위를 서로 바꾸었다. 가까운 마을은 물론이고 배를 타고 지금의 일본까지 가기도 했다.

배 만들기

큰 통나무 밑동에 불을 붙여서 넘어뜨린다. 이때 나무가 다 타지 않도록 위에는 물을 적신다.

쐐기를 박아 나무를 반으로 쪼갠다.

쪼갠 면을 불에 그을리면서 자귀로 속을 파낸다.

바다 건너 구해 온 흑요석

화산 지역에서만 나는 흑요석이 한반도 여러 곳에서 발견되었다. 이처럼 신석기 시대 사람들은 교역을 위해 아주 먼 거리를 이동하거나 바다를 건너기도 했다.

◆ 흑요석이 나는 곳
● 흑요석기가 발견된 곳

먹을거리 구하기가 틀어지자 내 곁에 앉아 있던 뚝딱 아저씨가 살짝 한숨을 내쉬었다. 나도 따라서 맥이 풀렸다.

그 뒤로도 어른들은 뭔가 길게 얘기를 나누었고, 나는 오줌을 누러 혼자서 마을 뒤에 있는 숲 쪽으로 갔다. 네눈박이가 또 따라왔다.

그때 숲에서 나오는 한 여자아이와 마주쳤다. 네눈박이가 반가운지 펄쩍 뛰어올랐다. 그 바람에 여자아이는 화들짝 놀라 나물 바구니를 떨어뜨렸다.

나는 미안해서 쏟아진 나물을 얼른 주워 담으며 "놀라지 마. 얘는 우리 마을에서 키우는 개인데, 아주 순해. 난 곰 씨족 마을에서 온 사슴뿔이고."라고 말해 주었다. 네눈박이가 내 말에 맞추기라도 하듯 살살 꼬리를 쳤다.

여자애는 한숨을 폭 내쉬고는 "아, 번개구름 오빠네 마을에서 왔구나. 난 반달눈이야."라고 말하며 배시시 웃었다. 웃는 모습이 귀여웠다. 옷도 참 예쁘게 입었다. 맵시 있는 사슴 가죽옷에 가리비 목걸이가 잘 어울렸다.

'나중에 내가 얘한테 장가들면 어떨까?'

그 순간, 이런 생각이 들어 얼굴이 화끈 달아올랐다. 무지무지 창피해서 그 뒤로는 말도 제대로 못했다. 나도 참 주책없이 그런 생각을 하다니. 지금 생각해도 얼굴이 화끈거린다.

사슴 씨족 마을에서는 우리에게 새끼 돼지 한 마리를 선물로 주었다. 우리는 당장 먹을 수 있는 말린 고기를 바랐지만 그건 어림없었다. 그나마 새끼 돼지라도 받았으니 마을에 있는 돼지 두 마리 가운데 한 마리는 잡아먹을 수 있게 되었다.

우리가 떠날 무렵 반달눈이가 내게 다가와 무언가를 슬쩍 내밀었다.

"내가 만들었는데, 이걸 차면 사냥을 잘할 수 있대. 다치지 않게 지켜 주기도 하고."

흙을 빚어 불에 구운 흙멧돼지 목걸이였다.

그때 고맙다고 한마디 했으면 좋았을걸, 나는 아무 말 못하고 얼굴만 벌게졌다. 에이, 바보같이! 다음에 만나면 꼭 고맙다고 해야지.

기원전 3000년 5월 18일

오늘 돼지를 한 마리 잡았다.

　자칫 고기를 불공평하게 나누면 다툼이 생길 수도 있어 깊은주름 할머니가 고기를 고루 나누어 주었다. 아픈 사람과 임산부에게는 따로 한몫씩 더 주었다. 오랫동안 앓고 난 아버지도 한몫을 더 받았다.

　째진눈이는 그게 못마땅한지 입이 쑥 튀어나와 있었다. 째진눈이는 너무 자기만 생각하는 것 같다. 우리는 언제나 함께 일하고 함께 나누며 살아야 하는데……

옷차림과 장신구

신석기 시대 사람들은 처음으로 실로 짠 옷을 입었다. 그리고 멋을 부리거나 소원을 이루기 위해 몸에 여러 가지 장신구를 지녔다.

머리를 장식하는 데 **뒤꽂이**를 썼다.

옥이나 동물의 뼈로 만든 **목걸이**는 멋을 낼 뿐만 아니라 소원을 빌고 귀신을 쫓기 위해 몸에 지니고 다녔다.

조개 팔찌는 신석기 시대 사람들이 즐겨 착용한 장신구 중 하나이다.

돌고래, 수달, 너구리 등의 이빨을 꿰어서 **발찌**를 만들기도 했다.

옥을 갈거나 흙을 구워서 **귀고리**를 만들었다. 옥 귀고리는 귓불에 구멍을 뚫어 걸었고, 흙 귀고리는 귓바퀴에 끼워 넣었다.

 옥 귀고리　 흙 귀고리

짐승의 **가죽**은 훌륭한 옷감이었다. 가죽옷은 몸을 보호하고 추위를 막아 주었다.

베옷 만들기

신석기 시대 사람들은 삼 같은 식물에서 실을 뽑아내 옷감 만드는 법을 알게 되었다. 그때부터 실잣기와 베짜기는 중요한 일과가 되었다.

삼의 껍질에는 실을 만들 수 있는 질긴 **섬유질**이 들어 있다.

삼의 속껍질을 가늘게 쪼갠 다음, 막대를 끼운 **가락바퀴**로 꼬아서 실을 만든다.

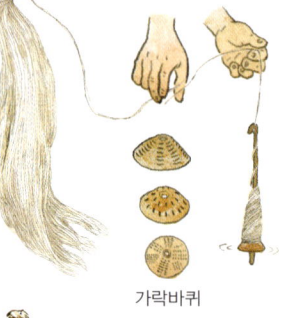
가락바퀴

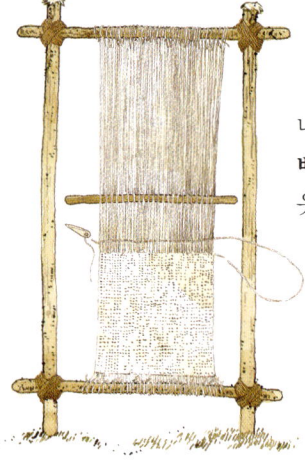
나무로 만든 간단한 **베틀**에 실을 걸어 옷감(삼베)을 짠다.

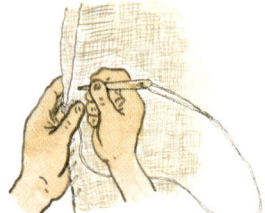
옷감을 자르고 **뼈바늘**로 꿰매어 옷을 만든다.

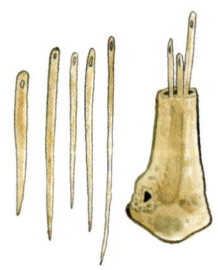
뼈바늘과 바늘통

아, 살았다!

기원전 3000년 6월 7일

이제 힘든 시절은 지났다. 물고기잡이 철이 돌아왔기 때문이다. 우리 마을 앞 강은 물풀이 우거지고 여울이 흘러 물고기가 무척 많다. 그래서 다른 씨족 사람들은 우리를 몹시 부러워한다.

요즘 마을 사람들은 모두 강에 나가 물고기를 잡느라 정신이 없다. 물고기가 워낙 잘 잡히니까 얼굴도 하나같이 활짝 피었다.

남자 어른들은 물에 들어가 그물로 물고기를 잡고, 그물질이 힘에 부치는 노인들은 강기슭에서 낚시를 했다. 여자들은 물고기 배를 따서 말리거나 얕은 물에 사는 말조개와 다슬기를 잡았다. 우리보다 어린 아이들은 여자들 곁에서 일손을 도왔다.

나는 조개를 잡기에는 이제 너무 커서 곰손이와 함께 그물로 물고기를 몰아주는 몰이꾼 노릇을 했다. 하지만 몰이꾼 노릇은 어른들 일이라 딱히 우리가 있어야 하는 건 아니다. 게다가 째진눈이는 자기가 만든 **뼈작살**로 형들과 함께 물고기를 잡고 있었다.

"곰손아, 오늘부터는 우리도 따로 물고기를 잡자."

"어떻게 잡지? 작살도 없는데……."

"통발로 잡는 게 어때?"

"그래, 그게 좋겠다."

우리는 싸릿대로 만든 통발을 가져다가 물살이 빠른 여울에 놓았다. 한참을 기다렸다가 통발을 올리면 제법 많은 물고기가 들어 있었다.

우리는 잡은 물고기를 강가에 있는 아주머니들에게 가져다주었다. 아주머니들은 돌칼로 물고기 배를 따서 햇볕에 말렸다. 그렇게 하면 두고두고 먹을 수 있다. 벌써 며칠 동안 말린 물고기만 해도 엄청나게 많다. 하지만 지난봄에 먹을거리가 떨어져 애먹은 걸 생각하면 아무리 많아도 많아 보이지 않는다.

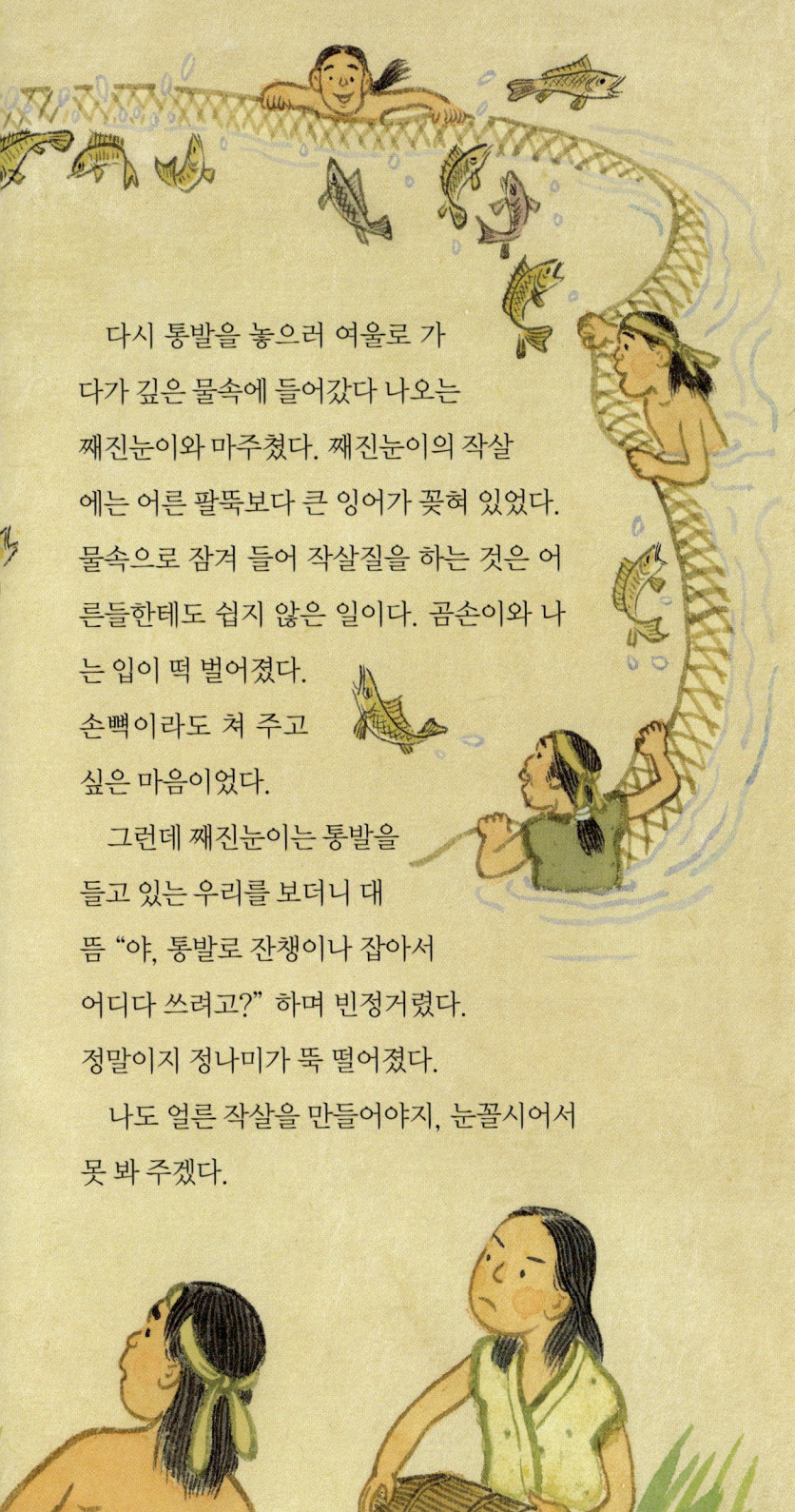

다시 통발을 놓으러 여울로 가
다가 깊은 물속에 들어갔다 나오는
째진눈이와 마주쳤다. 째진눈이의 작살
에는 어른 팔뚝보다 큰 잉어가 꽂혀 있었다.
물속으로 잠겨 들어 작살질을 하는 것은 어
른들한테도 쉽지 않은 일이다. 곰손이와 나
는 입이 떡 벌어졌다.
손뼉이라도 쳐 주고
싶은 마음이었다.

그런데 째진눈이는 통발을
들고 있는 우리를 보더니 대
뜸 "야, 통발로 잔챙이나 잡아서
어디다 쓰려고?" 하며 빈정거렸다.
정말이지 정나미가 뚝 떨어졌다.

나도 얼른 작살을 만들어야지, 눈꼴시어서
못 봐 주겠다.

고래잡이

신석기 시대에는 낚시나 통발로 작은 민물고기만
잡은 것이 아니다. 사람들은 통나무나 반달 모양의
널판으로 배를 만들어서 바다짐승을 잡으러
가까운 바다로 나가기도 했다.

때로는 큰 고래가 바닷가로
떠밀려 오기도 했다.

배를 타고 나가 바다에서 바다표범이나 돌고래를
발견하면 작살을 던져 맞힌 다음 육지 쪽으로
몰고 와서 잡았다.

38

고기잡이

강가나 바닷가에 보금자리를 정한 신석기 시대 사람들은 고기잡이로 식량 문제를 많이 해결했다. 그 사람들은 개울가의 작은 붕어부터 바다의 고래까지 못 잡는 것이 없는 능숙한 어부였다.

날카로운 뼈나 돌을 단 **작살**로 물고기를 직접 찔러 잡는 것은 가장 간단한 방법이다.

낚시는 바늘에 미끼를 달아 보이지 않는 물속의 고기도 잡을 수 있는 도구이다.

돌작살 뼈작살

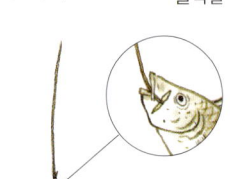

여러 가지 낚싯바늘

물고기를 한 번에 많이 잡기 위해서 끈을 엮어 만든 **그물**을 사용했다.

그물

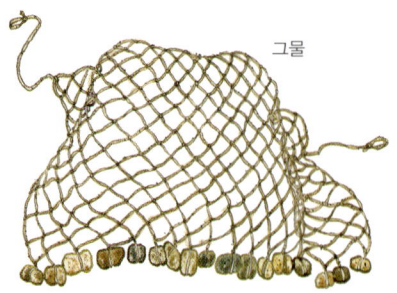

가리

물이 얕고 물풀이 우거진 개울에서는 **통발**이나 **가리**로 물고기를 잡았다.

통발

늑대 씨족과 다투다

기원전 3000년 6월 23일

낮에 숲에서 활을 만들기에 적당한 나무를 찾아냈다. 나는 신이 나서 도끼질을 했다. 그때 갑자기 북소리가 울렸다. 마을에 다급한 일이 생길 때 나는 북소리였다.

한달음에 마을로 뛰어갔더니 너른 마당에 마을 사람들이 다 모여 웅성거리고 있었다. 강 건너 늑대 씨족 사람들이 우리 마을 앞 강으로 넘어와 물고기를 잡고 있다는 거였다.

남자 어른들은 저마다 창과 활을 들고 강으로 달려갔다. 나머지 사람들도 그 뒤를 따라갔다.

족장님이 늑대 씨족 사람들에게 소리쳤다.

"우리 마을 앞 강은 대대로 곰 씨족만이 물고기를 잡아 온 곳이오. 만약 여기서 늑대 씨족이 물고기를 잡는다면 큰 싸움이 일어날 거요."

"겨울에 먹을 물고기를 갈무리해 두려면 우리도 여기서 물고기를 잡을 수밖에 없소."

"잡은 물고기를 돌려주고 돌아간다면 없던 일로 하겠지만, 그러지 않으면 우리의 창이 당신들을 겨눌 것이오."

족장님이 벼락 치는 듯한 소리로 외쳤다.

우리는 족장님 말에 맞춰 "우우우!" 소리를 지르며 발을 굴러 겁을 주었다. 나는 속으로는 싸움이 일어날까 봐 잔뜩 겁이 났지만, 겉으로는 용감한 척 목청껏 소리를 질렀다.

싸움이 일어나면 우리 씨족 사람들이 다칠 수도 있고, 자칫하면 죽을 수도 있다.

내가 아기였을 때 이웃 씨족이 우리 땅으로 몰래 들어와 사냥을 하는 바람에 큰 싸움이 일어났다고 한다. 그때 우리 씨족 아저씨 한 명이 죽고 여러 사람이 크게 다쳤다는데, 움집 뒤에 있는 무덤이 바로 그 아저씨 무덤이라고 했다.

아무리 겁이 나도 우리 마을 앞 강을 다른 씨족이 넘보게 놔둘 수는 없다. 늑대 씨족이 우리 물고기를 잡아간다면 우리는 굶어 죽을 수도 있다. 늑대 씨족 족장은 나중에 사슴 가죽 두 장을 주겠다며, 잡은 물고기를 가져가게 해 달라고 통사정했다.

어른들이 늑대 씨족의 제안을 받아들이기로 한 덕분에 싸움은 일어나지 않았다. 휴, 지금 생각해도 정말 다행이다.

신석기 시대의 무덤

신석기 시대 사람들은 마을 사람이 세상을 떠나면 함께 슬픔을 나누고 장례를 치른 뒤에 무덤을 만들어 주었다. 저승이 있다고 믿은 그들은 그곳에서도 잘 살라고 무덤에 장신구나 생활 용품 같은 껴묻거리를 넣어 주었다.

움무덤은 시신이 들어갈 정도로 움(구덩이)을 파고 시체를 묻었다.

자갈무덤은 움 바닥에 강돌을 깔고 시신을 넣은 다음, 그 위에 다시 자갈을 덮었다.

시신의 살이 썩어 없어지면 뼈만 추려 다시 묻고, 위에는 돌도끼를 덮은 **세골장**도 있었다.

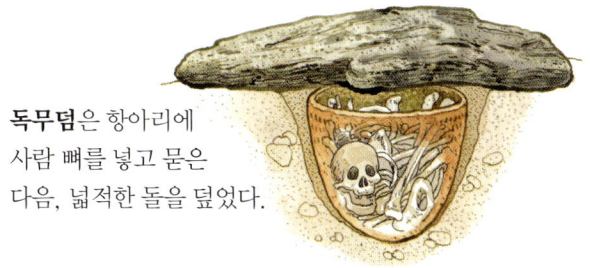

독무덤은 항아리에 사람 뼈를 넣고 묻은 다음, 넓적한 돌을 덮었다.

검게 빛나는 돌을 찾아서

기원전 3000년 7월 21일

아버지가 '검게 빛나는 돌'을 구하러 먼 길을 떠나기로 했다. 사냥에 실패하는 일을 줄이려면 그 까만 돌이 꼭 필요하다는 거였다.

그 돌은 아주 날카롭게 쪼갤 수 있어서 창이나 화살, 작살의 촉으로 쓰기에 정말 좋다고 한다. 지난번 사냥에서 멧돼지를 잡지 못한 것은 내 실수 탓이기도 했지만, 날이 너무 무더서 창과 화살을 맞고도 멧돼지가 쓰러지지 않은 때문이기도 했다. 만약 그 까만 돌로 촉을 박은 창이나 화살을 썼다면 멧돼지는 거꾸러졌을지도 모른다.

족장님은 다리가 나은 지 얼마 안 되었으니 봄이 오면 떠나라고 말렸다. 하지만 아버지는 당장 그 돌을 구해 오지 않으면 겨울 사냥을 또 망칠지 모른다면서 고집을 꺾지 않았다. 어른들은 혼자 가기에는 너무 먼 길이라며 뚝딱 아저씨와 주먹코 아저씨를 같이 보내기로 했다.

검게 빛나는 돌은 산꼭대기에 커다란 호수가 있는 흰머리산 근처에 있다는데, 얼마나 걸릴지 가늠할 수 없을 만큼 멀다고 했다. 가다가 호랑이나 표범 같은 맹수의 습격을 받을 수도 있고, 다른 씨족에게 해코지를 당할지도 모른다. 그런 일이 생기면 어쩌나 벌써부터 걱정이다. 엄마와 누나 얼굴에도 근심이 가득하다.

기원전 3000년 7월 31일

아버지가 길을 떠났다. 통나무배를 타고 강을 따라 끝까지 내려가면 바다가 나오는데, 거기부터는 북쪽으로 산을 넘고 들을 건너 하염없이 걸어가야 한단다.

마을 사람들 모두 큰나무 신령님과 조상님께 세 사람이 아무 탈 없이 잘 다녀오게 해 달라고 빌었다. 그래도 나는 마음이 놓이지 않아 반달눈이가 준 흙멧돼지 목걸이를 아버지에게 건넸다.

"이 목걸이를 걸고 있으면 안 다친대요."

그러자 아버지는 빙긋 웃으며 허리춤에 매달린 호랑이 이빨을 흔들어 보였다.

"나한테는 이게 있으니까 괜찮다."

아버지는 목걸이를 도로 내 목에 걸어 주었다.

세 사람은 먹을 것과 옷, 그리고 검게 빛나는 돌과 바꿔 올 짐승 가죽을 넣은 자루를 짊어지고 배에 올랐다. 왈칵 눈물이 쏟아질 것 같았지만, 입을 앙다물고 꾹 참았다.

누나가 멀어지는 배를 바라보며 "잘 다녀오세요!" 하고 소리쳤다. 울음이 가득 배어 있는 그 목소리 때문에 참았던 눈물이 주르륵 흘렀다. 손을 흔드는 아버지와 뚝딱 아저씨, 주먹코 아저씨의 모습이 흐릿하게 보였다.

신앙과 예술

신석기 시대 사람들은 천둥, 번개와 맹수 등 자연의 위협 때문에 늘 불안에 떨어야 했다. 그래서 그림을 그리거나 조각 따위를 만들어 재앙이 사라지고 마을이 평화롭기를 빌었다.

신석기 시대 사람이 토기에다 그린 **사슴 그림**이다. 사냥이 잘되기를 바라는 마음이 담겨 있다.

 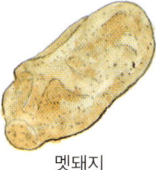 

개 멧돼지 곰

흙으로 만든 짐승들이다. 역시 사냥이 성공하기를 비는 뜻이 담겨 있다.

여인상 조개 가면

 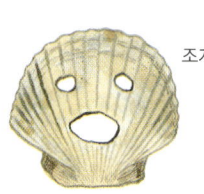

아이를 많이 낳고 잘살기를 바라는 마음에서 **임신한 여인상**을 만들어 놓고 제사를 지냈다. **조개 가면**은 마을의 제사나 축제 때 사용했는데, 작아서 얼굴에 쓰지는 않았다.

43

토기가 불을 잘 머금게

기원전 3000년 8월 15일

마을 사람들이 모두 나서서 강기슭의 진흙을 퍼 날랐다. 집집마다 토기가 많이 깨져 새로 만들어야 하기 때문이다.

마을 사람 모두가 쓸 토기를 한꺼번에 다 만들어야 하기 때문에 진흙도 그만큼 많이 필요했다. 곰손이는 어른들만큼 많은 진흙을 거뜬히 날라서 사람들을 놀라게 했다. 하여튼 곰손이 힘센 건 알아줘야 한다.

토기 만드는 일은 워낙 손이 많이 가고 시간도 많이 걸린다. 만들기는 힘든데 깨지기는 왜 그렇게 잘 깨지는지 모르겠다.

어여쁜이 아줌마는 토기 빚는 솜씨가 대단하다. 다른 아줌마들이 하나 만들 때 둘을 만든다. 토기 모양도 아주 매끈하게 빚고 무늬도 예쁘게 잘 새긴다.

누나는 커다란 토기를 빚다가 막판에 찌그러뜨리고 말았다. 하루 종일 눈이 빠지도록 만들었는데 그걸 망치다니. 내가 욕심부리지 말라고 몇 번이나 말해도 듣지 않더니, 쯧쯧쯧…….

기원전 3000년 9월 3일

너른 마당 한 귀퉁이에 장작을 높이 쌓고 토기를 구웠다. 불길이 엄청나게 셌다.

아주머니들은 불길 앞에서 신령님께 두 손을 모아 빌었다.

"비나이다, 비나이다. 부디 이 그릇들이 불을 잘 먹어 깨지지 않게 도와주소서."

해 질 녘이 되어 불길이 사그라지자 아주머니들이 토기를 꺼냈다. 어여쁜이 아줌마가 토기에서 재를 떨

어내고 잘 구워졌는지 하나하나 살필 때는 다들 가슴을 졸였다.

"깨진 거 별로 없이 거의 다 잘 구워졌어요."

어여쁜이 아줌마의 말에 다들 입이 헤벌쭉 벌어졌다.

기원전 3000년 9월 17일

아버지가 떠난 뒤로 두 사람의 손가락 발가락을 다 합친 것보다 더 많은 날이 흘렀다. 걱정이 돼서 왜 이렇게 안 오시냐고 물으면 엄마는 첫얼음이 얼기 전에 돌아오면 다행이라며 한숨을 쉬었다.

간밤에는 아버지가 낭떠러지에서 굴러떨어지는 꿈을 꾸다가 잠이 깼다. 이러다가 아버지가 영영 돌아오지 못하면 어쩌나 하는 불안감에 새벽까지 잠을 설쳤다.

토기 만들기

토기는 인류 역사에서 매우 중요한 발명품이다. 신석기 시대 사람들은 단단하고, 불에 타지 않고, 물이 닿아도 풀어지지 않는 토기의 성질을 이용해 더욱 다양한 음식을 해 먹었으며, 남는 식량은 저장할 수 있게 되었다.

진흙이 차지게 될 때까지 **반죽**한다. 반죽으로 진흙 띠를 만든다.

손으로 빚거나 진흙 띠를 감아올려 **그릇 모양**을 만든다.

그릇을 다듬어 모양을 완성한다.

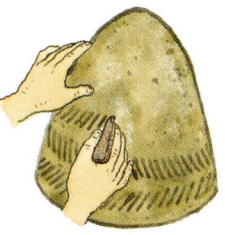

나무나 돌 조각으로 **무늬**를 새긴다.

그늘에서 적어도 보름 이상 말린 다음, 구덩이에 놓고 장작을 얹어 **굽는다.**

완성된 빗살무늬 토기

악착같이 도토리 줍기

기원전 3000년 10월 3일
곡식이 다 영글어 여자들이 이삭을 따서 말렸다. 올해는 비가 적게 와서 농사가 신통치 않았다. 씨앗 한 자루까지 없어지는 바람에 수확은 더 줄었다. 생각할수록 아깝고 속상하다.

내일부터는 도토리를 줍는다. 점심때 깊은주름 할머니가 특별히 말씀하셨다.

"올가을에는 곡식을 얼마 못 거두었으니 그만큼 도토리를 많이 주워야 해요. 그래서 이번에는 도토리를 많이 줍는 사람에게 상을 주기로 했어요."

상은 사슴 가죽 주머니와 조가비 팔찌, 돌칼이라고 한다. 악착같이 많이 주워서 꼭 상을 받아야지.

기원전 3000년 10월 10일
맑은샘이 누나랑 곰손이랑 셋이 짝을 지어 도토리를 주웠다. 우리는 손발이 척척 맞는다. 누나는 굵은 도토리가 열리는 참나무가 어디 있는지 잘 알고, 힘 좋은 곰손이는 자루에 도토리가 가득 차면 마을로 져 나른다. 나는 장대로 도토리 터는 일만큼은 정말 자신 있다.

며칠 동안 도토리를 꽤 많이 주웠는데도 우리보다

많이 주운 사람들이 수두룩하다. 이대로 가면 상 받기는 틀렸다. 하지만 아직 포기하기는 이르다. 마을 가까운 숲은 이미 다 훑었기 때문에 내일부터는 다들 더 깊은 산속으로 들어가야 한다. 지금까지 가장 많이 주웠어도 좋은 참나무 숲을 찾지 못하면 별 소용없다.

맑은샘이 누나가 골짜기 너머에서 참나무 숲을 발견했다고 하니 그걸 믿어 봐야겠다.

내일 해 뜨자마자 산에 가려면 일찍 자야겠다. 늦잠꾸러기 곰손이가 일찍 일어나야 할 텐데…….

기원전 3000년 10월 11일

깊은 골짜기 너머에 있는 그 숲은 누나만 알고 있어서 우리 말고는 아무도 오지 않았다. 우리는 정신없이 도토리를 주웠다. 보나 마나 상은 우리 것이었다.

그런데 누나가 도토리를 줍다 말고 불쑥 말했다.

"안 되겠다, 마을 사람들을 불러와야지. 우리끼리는 다 못 줍겠어."

"안 돼! 그러면 상이 날아가잖아?"

내가 소리를 빽 질렀다. 곰손이도 울상이었다.

"상 받는 것보다 도토리를 많이 줍는 게 더 중요해. 가서 사람들 불러와."

나는 싫다고 하려다가 입을 다물었다. 싫다고 하면 된통 야단이라도 칠 분위기였다.

할 수 없이 곰손이와 함께 여기저기 흩어져 있는 마을 사람들을 불러왔다. 사람들은 신이 나서 도토리를 주웠다. 상 받기는 다 글렀다. 아까워 죽겠다.

기원전 3000년 10월 14일

우히히, 정말 기분 좋다. 우리가 상을 받았다. 도토리를 가장 많이 줍지는 못했지만, 참나무 숲을 마을 사람들에게 알려 준 것은 상을 받고도 남을 일이라는 거였다. 우리 덕분에 올겨울엔 도토리가 남아돌게 생겼으니 그럴 만도 하다.

그러고 보면 누나가 정말 슬기로웠다. 나는 상 받을 욕심에 그럴 생각을 못 했는데, 누나는 이제 정말 어른이 다 됐나 보다.

곰손이는 상으로 돌칼을 골랐고, 나는 조가비 팔찌를 골랐다. 누나가 조가비 팔찌를 갖고 싶어 했지만, 나는 박박 우겨서 기어코 조가비 팔찌를 손에 넣었다. 남자에게도 때로는 치레거리가 필요한 법이다.

47

돌과 석기

석기는 쓰임새에 따라 알맞은 돌을 구해서 만들어야 했다. 돌마다 알갱이의 크기, 단단한 정도 등 성질이 각각 다르기 때문이다. 그중 귀한 돌은 멀리 다른 지방에서 구해 오기도 했다.

사암　숫돌

알갱이가 고운 **사암**은 겉면을 갈거나 날을 세우는 **숫돌**로 사용했다.

화강암　갈돌과 갈판

화강암은 알갱이가 거칠어서 곡식의 껍질을 벗기거나 가루를 내는 **갈돌**과 **갈판**으로 썼다.

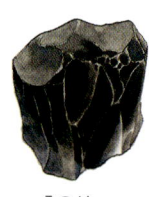 

흑요석　창

흑요석은 구하기가 어려웠지만, 아주 단단하고 날카로워 **창**이나 **화살촉**을 만들었다.

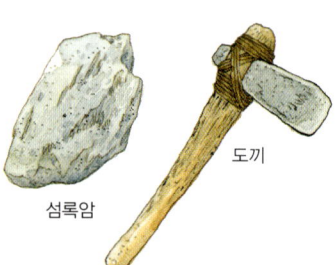

섬록암　도끼

화강암, **섬록암**, **수성암** 등은 단단하면서도 모양을 내기 쉬워서 **도끼**나 **자귀**를 만들기에 알맞았다.

아버지가 돌아오다

기원전 3000년 10월 21일

드디어 활과 화살을 다 만들었다. 썩 잘 만들었다고 할 수는 없지만, 모래톱에 나가 쏘아 보니 제법 잘 나갔다. 내가 만든 활로 사냥할 생각에 벌써부터 마음이 뿌듯하다.

기원전 3000년 10월 22일

아버지와 뚝딱 아저씨, 주먹코 아저씨가 돌아왔다. 해가 몇 번이나 뜨고 졌는지 헤아리지도 못하고 있던 참이었다. 안 좋은 일이 생기면 어쩌나 하고 날마다 마음 졸인 걸 생각하면 지금도 가슴이 두근거린다.

　세 사람 모두 얼굴이 까맣게 그을고 바싹 말랐다. 얼마나 고생이 컸는지 단박에 알 수 있었다. 그래도 다들 얼굴은 무척 밝았다.

　아버지는 사람들과 인사를 나눈 뒤에 자루에서 검게 빛나는 돌을 꺼냈다. 정말 그 돌은 까만 얼음덩이처럼 반짝거렸고, 깨져 나간 모서리는 만지면 베일 듯 날카로웠다.

"와, 세상에 이렇게 날카로운 돌이 다 있다니!"
"그러게 말이야. 올겨울엔 사냥할 맛이 나겠는걸."
 사람들은 그 돌을 보며 놀랍고 신기해서 입을 다물지 못했다.
 저녁에는 세 사람을 위해 음식을 푸짐하게 차렸다. 하지만 정작 주인공인 세 사람은 너무 피곤해서 먹는 둥 마는 둥 하고는 움집으로 들어가 곯아떨어져 버렸다.
 잠든 아버지의 발을 보니 굳은살이 두껍게 박여 있었다. 군데군데 긁히고 찢긴 상처도 많았다. 검게 빛나는 돌을 구해 오느라 얼마나 힘들었을지 듣지 않아도 다 알겠다.

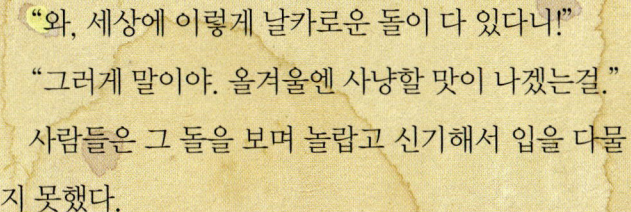

모두 모여 움집을

기원전 3000년 10월 27일

새 움집 짓는 일을 돕느라 한동안 정신없이 바빴다. 누나가 혼인하면 살 집인데, 마을 남자들이 힘을 모아 몇 날 며칠 애를 썼다.

새 움집 자리는 우리 움집 바로 곁에 잡았다. 땅을 파서 바닥을 단단히 다지고 한가운데에는 화덕을 놓았다. 기둥과 서까래로 쓸 나무는 어른들이 숲에서 잘라 마을까지 옮겨 왔다.

나와 다른 사내아이들은 어른들 잔심부름을 하거나 별로 위험하지 않은 일을 거들었다. 오늘 서까래를 올렸으니 내일 갈대를 엮어 지붕을 얹으면 집짓기는 끝난다. 움집이 누나 마음에 꼭 들면 좋겠다.

엄마와 마을 아주머니들은 혼인날 누나가 입을 옷을 만들고, 가죽 깔개며 토기, 연장 같은 살림살이를 장만하느라 분주했다. 혼인날 어떤 음식으로 손님들을 대접할지를 두고도 이러쿵저러쿵 의견이 많았다.

그나저나 매형은 어떤 사람일까? 아버지처럼 사냥을 잘하는 사람일까? 아니면 뚝딱 아저씨처럼 도구를 잘 만드는 사람일까? 이야기를 재미있게 잘하는 사람일지도 모르지.

번개구름 형같이 마음씨 좋고 뭐든 잘하는 사람이면 좋겠다.

움집 짓기

한곳에 정착해서 살려면 무엇보다도 집이 필요했다. 게다가 농사는 물가의 평평한 땅에다 지었기 때문에 산속이나 언덕의 동굴에 살면 불편했다. 그래서 사람들은 한데로 나와 인공으로 움집을 지었다. 습하고 무더운 여름이나 추운 겨울에도 움집은 신석기 시대 사람들의 훌륭한 보금자리가 되어 주었다.

돌괭이나 돌삽으로 땅을 50~100센티미터쯤 파서 모서리를 둥글린 사각형이나 둥근 모양의 **집터**를 만든다. 파낸 자리는 단단하고 평평하게 다진다.

다진 바닥 면 위에 나무로 **뼈대**를 세우고, 갈대나 억새를 엮어 **지붕**을 덮으면 집이 완성되었다.

움집은 그리 넓지 않았지만, 일하고 잠자는 공간이 따로 마련되어 있었다. 안쪽에는 화덕을 놓아 불을 피워서 집을 따뜻하게 하고 간단한 조리도 했다.

조가비 팔찌를 고른 이유

기원전 3000년 10월 30일

아침나절 사슴 씨족 마을에서 사람들이 잔뜩 몰려왔다. 혼인 예물로 돼지 한 마리와 사슴 한 마리를 가져왔는데, 사슴은 신랑이 친구들과 함께 잡은 것이라고 했다.

매형 될 사람은 첫인상이 썩 좋지는 않았다. 잘 웃지도 않고 무뚝뚝해 보였다.

'혼인날이라 좀 긴장해서 그럴지도 몰라. 앞으로 옆집에 살면서 날마다 보게 될 테니 좋게 봐줘야지.' 하고 생각했다.

아무튼 기분은 무척 좋았다. 누나가 혼인하는 것도 그랬고, 오랜만에 번개구름 형을 만난 것도 그랬다.

무엇보다 반달눈이를 또 만나게 되어 반가웠다. 지난번에 목걸이를 받고도 고맙다는 말을 하지 못한 게 두고두고 마음에 걸렸는데…….

번개구름 형이 반달눈이는 오지 않아도 되는데 굳이 따라왔다고 나를 놀리듯 빙글빙글 웃으며 말했다. 그 바람에 또 얼굴이 화끈 달아올랐다. 반달눈이를 만나면 왜 자꾸만 얼굴 빨개질 일이 생기는지 모르겠다.

너른 마당에서 혼례식이 열렸다. 곰 씨족과 사슴 씨족 사람들은 모두 기뻐하며 두 사람을 축복해 주었다.

혼례가 끝난 뒤에는 떡 벌어진 잔치가 열렸다. 모두들 배가 터지도록 먹었고, 밤이 깊을 때까지 모닥불 가에서 노래하고 춤추고 이야기를 나누며 흥겹게 놀았다.

알고 보니 매형도 생각만큼 무뚝뚝한 사람은

아니었다. 춤도 잘 추고, 가끔씩 우스갯소리도 해서 사람들을 즐겁게 해 주었다.

다들 신이 나서 춤을 추고 있을 때, 반달눈이를 움집 뒤로 살짝 불러냈다. 그리고 지난번에 상으로 받은 조가비 팔찌를 건넸다. 반달눈이의 눈이 보름달처럼 커졌다.

"어머, 정말 예쁘다! 이거 나 주는 거야? 어디서 났어?"

"응, 도토리를 많이 주워서 상으로 받은 거야."

"야, 대단하다! 고마워."

반달눈이는 팔찌를 끼고 좋아서 어쩔 줄 몰라 했다. 반달눈이가 좋아하니까 나도 좋았다.

그런데 하필이면 그걸 곰손이가 볼 게 뭐람.

"히히히. 사슴뿔이 너, 조가비 팔찌를 고른 이유가 그거였구나?"

곰손이가 히죽히죽 웃었다. 두고두고 놀림 받게 생겼다.

씨족 사회

신석기 시대 사람들은 한곳에 오래 눌러살면서 마을을 이루었다. 마을 사람들은 모두 서로 핏줄로 이어진 친척들이었다. 이렇게 친척들끼리 마을을 이루어 사는 형태를 씨족 사회라고 한다.

여러 **가족**이 모여 **씨족**이 된다. 가족은 엄마 아빠 한 명씩과 그 사이에 태어난 아이들로 이루어져 있었다.

인류는 원래부터 자기 종족이 아닌 사람과 혼인을 했다. 그러면 더 건강하고 똑똑한 아이를 낳을 수 있기 때문이다. 이것을 **족외혼**이라고 한다. 아이가 **어느 씨족 사람이냐**는 **엄마**를 따라서 정해졌다.

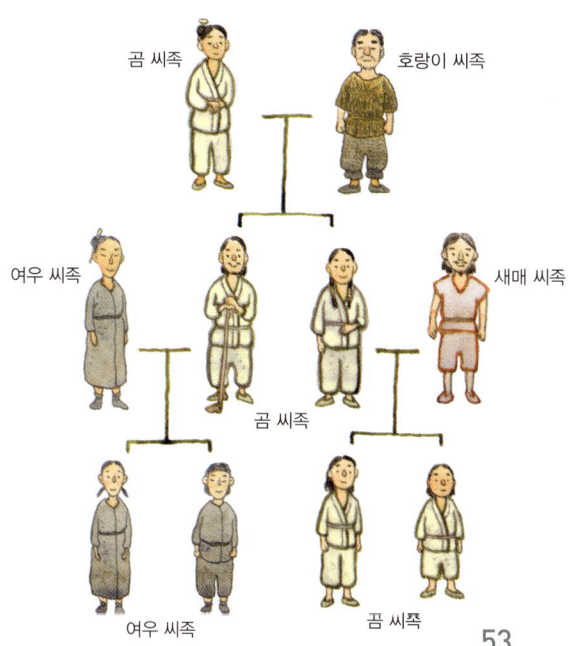

째진눈이를 구하자

기원전 3000년 11월 4일

째진눈이가 그런 짓을 저질렀을 줄은 정말 꿈에도 몰랐다. 겨울나기 채비를 하느라 아주머니들이 움집의 가죽 깔개를 볕에 내다 말리는데, 째진눈이네 깔개 밑에서 빈 씨앗 자루가 나온 것이다.

아주머니들은 그 사실을 당장 깊은 주름 할머니에게 알렸고, 째진눈이는 큰 마당으로 불려 나와 자기가 한 짓을 다 털어놓을 수밖에 없었다.

"배가 너무 고파서 씨앗 자루를 하나 꺼내 왔어요."

지난봄, 마을 공동 창고에서 씨앗 자루를 훔쳐 간 사람은 바로 째진눈이였다. 그 씨앗으로 혼자 죽을 끓여 먹었다는 것이다.

째진눈이는 눈물을 뚝뚝 흘리며 잘못을 빌었다. 하지만 누가 봐도 쉽사리 용서받을 일이 아니었다. 배가 고프다고 그 소중한 씨앗으로 죽을 끓여 먹다니!

어른들이 큰 움집에 모여 회의를 했다. 회의는 무척 오래 걸렸고, 째진눈이를 마을에서 쫓아내기로 결정했다. 째진눈이 엄마는 차라리 자기가 벌을 받겠다며 울었지만 소용없었다.

우리 곰 씨족은 함께 사냥하고 농사짓고 어울리며 살아간다. 마을에서 쫓겨나 그 모든 걸 혼자 하면서 살아야 한다는 건 상상하기도 어려운 일이다. 마을에서 나가라는 건 죽으란 소리나 한가지다.

째진눈이는 도대체 어쩌자고 그런 짓을 한 거지?

기원전 3000년 11월 5일

아침에 움집에서 나오는 째진눈이와 마주쳤다. 째진눈이는 고개를 외로 틀면서 내 눈을 피했다. 얼굴이 얼룩덜룩한 걸 보니 밤새 많이 운 모양이었다. 그동안 하도 못되게 굴어서 밉살맞기 짝이 없었는데, 그 모습을 보니 딱하기 그지없었다.

곰손이한테 그 말을 했더니 자기도 그렇다며 울먹거리기까지 했다. 아옹다옹 다투면서도 정이 폭 들었나 보다.

때마침 족장님이 지나가기에 우리는 째진눈이가 잘못을 저지르긴 했지만 마을에서 쫓아내는 건 너무하다고 말씀드렸다. 하지만 족장님은 어른들이 결정한 일이니까 너희는 상관 말라고 딱 잘라 말하고는 가 버렸다.

우리는 깊은주름 할머니를 찾아갔다. 할머니는 워낙 너그러운 분이라 우리 마음을 알아줄지도 모른다고 생각했다.

깊은주름 할머니는 큰나무 신령님 앞에 눈을 감고 가만히 앉아 있다가 우리를 보더니 불쑥 물었다.

"째진눈이가 마을에서 쫓겨나지 않았으면 좋겠느냐?"

"네."

할머니가 우리 마음을 딱 건너짚는 바람에 우리는 깜짝 놀라 대답했다.

"그럼 대신 무슨 벌을 줘야겠느냐?"

"멧돼지를 사냥해 오라고 하면 어떨까요? 멧돼지는 어른들도 잡기 어렵잖아요?"

곰손이가 엉겁결에 말했다.

"멧돼지를 혼자서 잡을 수는 없고, 너희도 함께 갈 테냐?"

"네, 저희도 함께 가겠어요."

할머니는 도로 눈을 감고 가만히 생각에 잠겼다.

깊은주름 할머니는 곧 회의를 열었고, 째진눈이에게 멧돼지를 잡아 오라는 새로운 벌을 내렸다.

멧돼지를 잡으러

기원전 3000년 11월 18일

내일 곰손이, 째진눈이와 함께 다시 사냥을 나가기로 했다. 그동안 몇 차례 함께 사냥을 나갔지만 멧돼지 그림자도 구경 못했다. 잡은 거라고는 토끼 한 마리밖에 없었다. 그것도 네눈박이가 혼자 쫓아가서 잡은 걸 우리가 들고 내려왔을 뿐이다.

어른들도 잡기 힘든 멧돼지를 우리 셋이 잡기란 정말 어려운 일이다. 어쩌면 끝내 못 잡을 수도 있다. 그렇게 되면 째진눈이는 이 추운 겨울에 마을을 떠나야 한다. 그러니 내일은 무슨 일이 있어도 꼭 멧돼지를 잡아야 한다.

낮에 아버지가 검게 빛나는 돌로 만든 창 한 자루를 내게 주었다. 다른 어른들은 우리가 멧돼지를 잡든 말든 별 상관도 안 하는데, 그렇게 신경 써 준 아버지가 진짜 고맙다.

우리는 모래톱에 나가 번갈아 가며 그 창을 던져 보았다. 째진눈이의 창 던지기 솜씨는 역시 대단했고, 검게 빛나는 돌로 만든 창의 위력도 대단했다. 째진눈이가 던지는 족족 창은 통나무에 날아가 꽂혔다.

"이 창은 네가 써. 난 활을 쏴야 하니까."

나는 마을로 돌아오는 길에 째진눈이에게 새 창을 건넸다. 째진눈이의 눈이 휘둥그레졌다.

"그래그래, 누가 뭐래도 창잡이는 째진눈이 네가 해야지."
곰손이가 호들갑스레 맞장구를 쳤다.
째진눈이는 창을 받아 들고도 이렇다 저렇다 말이 없었다. 그동안 미안했다거나 고맙다거나 한마디라도 하면 좋을 텐데, 요즘 들어 째진눈이는 꼭 필요한 말 말고는 거의 하지 않는다. 내가 째진눈이라면 고맙다고 입이 닳도록 말했을 텐데……. 그래도 속으로는 고마워하고 있겠지.

기원전 3000년 11월 19일

아침에 일어나니 밤사이 첫눈이 내려 있었다. 멧돼지 발자국을 찾기에 딱 좋은 날이었다.
나는 털가죽 옷을 단단히 차려입고 활과 화살을 챙겼다. 그동안 틈틈이 연습해 두었기 때문에 활을 웬만큼 잘 쏠 자신은 있었다. 하지만 막상 멧돼지를 만나도 떨지 않고 잘 쏠 수 있을지는 알 수 없었다.
째진눈이는 그 빛나는 창을, 그리고 곰손이는 돌도끼를 가지고 나섰다. 네눈박이는 뭐가 신나는지 펄쩍펄쩍 뛰면서 우리를 앞질러 산을 올랐다. 이제 네눈박이는 다 자라서 늑대만큼이나 덩치가 크다.
꽤 오래도록 눈 쌓인 비탈을 오르락내리락 헤매고 다녔다. 하지만 멧돼지의 흔적은 보이지 않았다. 멧돼지 잡기는 다 그른 게 아닐까 하는 불길한 생각이 스쳤다.
그때 네눈박이가 눈밭에 코를 박고 킁킁거렸다. 멧돼지 발자국을 찾아낸 것이다. 발자국의 짝을 맞춰 보니 서너 마리쯤 되는 것 같았다.
우리는 마음을 단단히 먹고 발자국을 따라갔다. 한참을 가다 보니 갑자기 발자국이 사라져 버렸다. 눈이 바람에 날려 발자국이 지워진 것이다. 우리는 맥이 빠져 눈밭에 털썩 주저앉았다.

그런데 골짜기 쪽에서 무슨 소리가 들렸다. 우리는 조심스레 바위 뒤에 숨어서 골짜기를 내려다보았다. 멧돼지 세 마리가 눈밭에서 먹잇감을 찾고 있었다.

우리는 속닥거리며 작전을 짰다. 곰손이랑 내가 골짜기 위쪽에서 멧돼지를 몰면 째진눈이가 길목을 지키고 있다가 창을 던지는 방법도 생각했다. 하지만 그 방법은 위험할뿐더러 몰이꾼이 둘뿐이어서 놓치기 쉬울 것 같았다. 그래서 째진눈이와 곰손이는 멧돼지 가까이 다가가 창과 돌도끼를 던지고, 나는 골짜기 위쪽에서 활을 쏘기로 했다.

째진눈이와 곰손이는 멧돼지가 알아채지 못하게 아래쪽으로 빙 돌아 골짜기로 내려갔다. 그사이에 나는 활을 잘 쏠 수 있는 곳에 자리를 잡았다. 네눈박이는 내 곁에 납작 엎드려 있었다.

얼마쯤 지나 째진눈이와 곰손이가 멧돼지 가까이 다가가는 모습이 눈에 들어왔다. 조금만 더 다가가면 창을 던질 수 있을 것 같았다.

그런데 갑자기 멧돼지들이 골짜기 위쪽으로 내뛰기 시작했다. 뭔가 이상한 낌새를 챈 모양이었다.

"지금이야, 던져!"

째진눈이가 소리를 지르며 창을 날렸고, 곰손이는 도끼를 던졌다. 나도 재빨리 활을 쏘았다. 하지만 멧돼지들이 워낙 어지럽게 내달렸기 때문에 다 빗나가고 말았다.

"놓치면 안 돼. 어서 쫓아가자!"

곰손이가 소리쳤고 우리는 부리나케 멧돼지를 쫓아갔다. 멧돼지를 끝까지 쫓아가는 것 말고는 달리 방법이 없었다.

하지만 눈밭을 달리는 멧돼지를 따라잡을 수는 없었다. 우리는 한참 동안 비탈을 달려가다 숨이 차서 주저앉고 말았다.

그때 골짜기 위쪽에서 컹컹 개 짖는 소리가 울렸다. 네눈박이였다.

네눈박이가 짖는 소리가 점점 크게 들리더니 멧돼지 한 마리가 골짜기 위쪽에서 내달려 왔다. 도망쳤던 멧돼지를 네눈박이가 도로 몰아온 것이다.

멧돼지는 우리를 보고도 방향을 바꾸지 않고 그대로 달려왔다. 우리는 벌떡 일어나 제가끔 창과 돌도끼와 활을 들었다. 빗나가면 누군가는 멧돼지한테 들이받힐 판이었다.

째진눈이가 창을 던졌다. 창은 바람을 가르며 날아가 달려오는 멧돼지의 목덜미에 꽂혔다. 멧돼지가 길길이 날뛰었고, 곰손이의 돌도끼가 멧돼지의 등짝을 후려치고 튕겨 나갔다.

나도 재빨리 활을 쏘았다. 화살은 멧돼지의 어깻죽

지에 꽂혔다. 멧돼지는 조금 더 날뛰더니 얼마 못 버티고 그 자리에 푹 쓰러졌다.

"우아! 잡았다! 우리가 멧돼지를 잡았어!"

곰손이가 두 주먹을 불끈 쥐고 온 산에 메아리가 울리도록 쩌렁쩌렁 외쳤다.

우리는 누가 먼저랄 것도 없이 어깨를 걸고 펄쩍펄쩍 뛰며 꽥꽥 괴상한 소리를 질러 댔다. 온 세상이 다 우리 것 같았다.

"얘들아, 정말 고맙다. 그리고 미안하고……."

째진눈이가 눈물이 글썽해서 말끝을 흐렸다.

나는 '그래, 벌써부터 듣고 싶었던 말이다.'라고 말하려다가 어른들처럼 "새삼스럽게 무슨 그런 말을……." 하면서 째진눈이의 어깨를 툭툭 쳐 주었다.

우리도 이제 어른이다

기원전 3000년 11월 20일

어제 일어난 일을 생각하면 지금도 가슴이 벌떡거린다. 우리가 멧돼지를 잡다니, 정말 꿈만 같다.

우리 셋이 막대기에 멧돼지를 묶어 걸머메고 끙끙거리며 나타나자 마을에서는 난리가 났다. 사람들이 모두 몰려나와 우리를 둘러싸고 소리를 지르면서 발을 굴렀다. 그것도 모자라 등짝이며 머리통까지 마구 두들겨 댔다. 하지만 하나도 아프지 않았다.

한바탕 소란이 지나간 뒤, 엄마가 나를 꼭 끌어안고 "우리 아들, 이제 정말 다 컸구나." 하며 웃었다. 아버지도 얼굴에 웃음을 가득 머금고 고개를 끄덕였다.

째진눈이 엄마는 멀찍이 떨어져 눈물을 훔쳤다. 아마 우리 마을에서 가장 기쁜 사람은 째진눈이 엄마일 거다.

오늘은 아침 일찍 온 마을 사람이 큰나무 신령님 앞에 모였다. 우리가 어른이 되었다는 것을 신령님과 조상님께 알리는 자리였다. 우리 셋은 맨 앞에 나란히 섰다.

깊은주름 할머니가 두 손을 모으고 노래 부르듯 읊었다.

"사슴뿔이와 곰손이, 째진눈이가 우리 곰 씨족의 당당한 사내로 새로이 태어났습니다. 신령님이시여, 조상님이시여! 이 세 사내가 잡은 멧돼지를 바치오니, 이들의 앞길을 보살펴 주소서."

우리 셋은 절을 올렸고, 나머지 사람들도 우리를 따라 절을 올렸다. 가슴이 뭉클했다.

제사가 끝난 뒤에는 멧돼지 고기를 구워서 더는 먹을 수 없을 때까지 실컷 먹었다. 다들 흥에 겨워 노래를 부르고 덩실덩실 춤을 추었다.

매서운 겨울바람이 불어왔지만, 하나도 춥지 않았다.

역사 일기 01 – 신석기 시대

곰 씨족 소년 사슴뿔이, 사냥꾼이 되다

2009년 12월 30일 1판 1쇄
2022년 4월 15일 1판 12쇄

일기글 | 조호상 **정보글** | 송호정 **그림** | 김병하
기획·편집 | 최옥미·강변구 **디자인** | FN디자인 **표지 제목 글씨** | 김세현 **제작** | 박흥기 **마케팅** | 이병규·이민정·최다은 **홍보** | 조민희·강효원
출력 | 한국커뮤니케이션 **인쇄** | 코리아피앤피 **제책** | 책다움
펴낸이 | 강맑실 **펴낸곳** | (주)사계절출판사 **등록** | 제406-2003-034호
주소 | (우)10881 경기도 파주시 회동길 252 **전화** | (031) 955-8588, 8558
전송 | 마케팅부 031) 955-8595 편집부 031) 955-8586 **홈페이지** | www.sakyejul.net **전자우편** | skj@sakyejul.com
블로그 | blog.naver.com/skjmail **페이스북** | facebook.com/sakyejulkid **인스타그램** | instagram.com/sakyejulkid

ⓒ 조호상·송호정·김병하 2009

값은 뒤표지에 적혀 있습니다. 잘못 만든 책은 구입하신 서점에서 바꾸어 드립니다.
사계절출판사는 성장의 의미를 생각합니다. 사계절출판사는 독자 여러분의 의견에 늘 귀 기울이고 있습니다.
이 책은 저작권법에 따라 보호받는 저작물이므로 무단전재와 무단복제를 금합니다.

ISBN 978-89-5828-416-1 74910
ISBN 978-89-5828-415-4 (세트)